AF619922

ISBN 978-1-291-00900-2

Ambassador of good will – Band 5
"Gedankenwege"

Prof. Dr. Roland Hornung

Das Foto auf dem Bucheinband ist von Regina Wagner. Dank sei ihr dafür.

ISBN 978-1-291-00900-2

Ambassador of good will – Band 5
"Gedankenwege"

Roland Hornung

"Die Karawane zieht weiter, der Scheich, der hat Durst"...

Der „Scheich" trinkt einen kräftigen Schluck, z.B. köstlichen Kardamon-Kaffee oder „the im nana" (Tee mit Pfefferminz) und erzählt dann weiter...:

Während unserer Wanderungen in Israel (z.B. am Banias, im Zin-Tal, in den Golanhöhen, am Toten Meer,...) kommen uns natürlich immer wieder Gedanken zu Israel. Daher will ich diesen Band 5 den „geistigen Wanderungen", den ***Gedanken-Wegen*** widmen. Über verschiedene Themen. Zu dieser Themenvielfalt kann die Tierwelt Israels gehören. Die verschiedenen Religionen. Die zahlreichen unterschiedlichen Ethnien. Ein dreifacher Wandel in Israel, ein ebenfalls dreifacher „Wandel" in der arabischen Welt, wenn auch in anderem Zusammenhang, usw...

Bevor wir aber unsere Themen-Wanderung (eingebettet in natürliche Wanderungen) beginnen, möchte ich gerne ein recht neues Verkehrs-System vorstellen: Die Straßenbahn („Stadtbahn") in JERUSALEM:

In WIKIPEDIA lesen wir:

Die **Stadtbahn Jerusalem** (hebräisch הרכבת הקלה בירושלים *HaRakevet hakala biruschalajim*, englisch *Jerusalem Light Rail Transit*) ist eine von den Unternehmen Alstom und Connex erbaute und am 19. August 2011 eröffnete Straßenbahn in Jerusalem. Sie besteht derzeit aus einer einzigen Linie (L1) zwischen Pisgat Ze'ev und Herzlberg, mit einer Länge von 13,8 Kilometern und 23 Haltestellen. Wahrzeichen der Strecke ist die vom spanischen Architekten Santiago Calatrava erbaute 118 Meter hohe *Calatrava-Brücke*. Diese Hängebrücke, genannt ***Weiße Harfe,*** wurde bereits drei Jahre früher, am 25. Juni 2008, eingeweiht und ist für die Straßenbahn und die Fußgänger reserviert.[1]

(Ende Zitat aus WIKIPEDIA)

Nun aber zu den realen Wanderungen mit geistigen Gedanken-Wegen zu verschiedenen Themen.

Wenn wir in Banias (einer der drei Jordanquellen) stehen, fällt uns auf der ***Klippschliefer*** (manchmal auch Klippschläfer genannt) auf. Er wird bereits in der Bibel erwähnt (Der Klippschliefer *Procavia capensis* wird in (Ps 104,18 EU) erwähnt).

In WIKIPEDIA lesen wir:

Der **Klippschliefer** oder **Klippdachs** (*Procavia capensis*) ist eine Art in der Ordnung der Schliefer (Hyracoidea).

Merkmale

Es handelt sich um kaninchengroße Tiere, die in ariden und felsigen Gebieten Afrikas und Westasiens vorkommen. Sie wiegen etwa 2 bis 4,5 Kilogramm. In der Farbe sind Klippschliefer sehr variabel; alle Brauntöne können vorkommen. In der Gestalt ähneln sie einem Pfeifhasen oder einem Murmeltier, diese Ähnlichkeit ist aber rein äußerlich.

In der Anatomie weist der Klippschliefer all die für Schliefer typischen Merkmale auf wie die kleinen Hufe, die einziehbaren Fußsohlen und die mit andersfarbigen Haaren bedeckte Rückendrüse. Von den drei Zehen an den Hinterfüßen trägt die mittlere eine Kralle, die beiden äußeren sind wie bei den Vorderfüßen mit knotenförmigen Hufen ausgeprägt.

Ihre ansonsten kaum erkennbare Verwandtschaft zu den Elefanten und Seekühen wird an den beiden ständig nachwachsenden Zähnen im Oberkiefer sichtbar. Die oberen Schneidezähne der Klippschliefer sind halbkreisförmig gebogene, breitseitige Prismen, die unteren liegen fast horizontal und reichen weit in den Kiefer. Die Oberlippe ist gespalten, der Schwanz nur ein Stummel.

Eine Besonderheit stellt ihre Iris dar, die sich so weit verengen kann, dass die Klippschliefer stundenlang direkt in die Sonne blicken können.

(Ende Zitat Wikipedia)

Neben Klippschliefern sahen wir (z. B. bei einer Wanderung im Zin-Tal) auch Steinböcke, Wüstenfüchse, wilde Kamele. Und im Hule-Tal auch Wildschweine, Wildkatzen, Schakale..

Doch welche weiteren Tiere gibt es heute in Israel?

Israel: Tiere

Säugetiere
Insgesamt gibt etwa 100 Säugetierarten in Israel. Dazu gehören Gazellen, Füchse, Wildkatzen, Steinböcke, Leoparden, Wölfe, die Streifenhyäne, persische Halbesel und somalische Wildesel, der Goldschakal, Stachelschweine und Igel.

Vögel

Israel gilt als der zweitwichtigste Sammelplatz für Zugvögel, die hier Zwischenstation machen. Die verschiedenen Vogelarten sind u.a. Wespenbus-sar- de, Pelikane, Grasmücken, Goldhähnchen, usw...

Oft wandern wir auf den Golanhöhen. Oder sogar vom See Genezareth hoch zu den Golanhöhen. Also von rund minus 200 Meter auf vielleicht 700 Meter – also 900 Meter Höhenunterschied. Wenn man so sinnierend wandert, erinnert man sich, dass auf den Golanhöhen die **Drusen** wohnen. Es gibt also nicht nur Juden, jüdische Israelis in Israel. Es gibt auch Drusen und andere Ethnien.

Doch: Wer sind die Drusen? Welche anderen Ethnien gibt es noch in Israel? Erinnern wir uns an etwas Geografie und Landeskunde und vielleicht auch Völkerkunde. Wir lesen bei www.israel.de:

Geografie, Bevölkerung

Fläche: 22 145 km² / Verwaltung: 6 Distrikte / Bevölkerung: 7.933.200 Einwohner (Stand: September 2012) / **75,4 % der israelischen Bevölkerung (5.978.600) sind Juden und 20,6 % (1.636.000) Araber. Die verbliebenen 4 % (318.000) setzen sich u.a. aus Neueinwanderern und deren Angehörigen zusammen, die im Innenministerium nicht als Juden registriert sind.** / In Städten leben 92 % / unter 15

Jahren sind 28 % der Bevölkerung / Bevölkerungsdichte: 350 Einwohner/km² / Bevölkerungs-wachstum: 1,9 % / Fruchtbarkeitsrate: 2,97 Geburten/Frau (Jüdische Frauen) / Landessprachen: Hebräisch (Ivrit), Arabisch, weitere Landessprachen Jiddisch, Russisch, verbreitet Englisch, Französisch, Deutsch.

Die grössten Städte: Jerusalem 747.600, Tel Aviv-Yafo 390.100, Haifa 264.900, Rishon LeZion 224.300, Ashdod 207.000 (Stand: 2008). (www.israel.de)

Nun zu den verschedenen „Ethnien“, vor allem zu den DRUSEN.

Die Drusen, eine religiöse Minderheit, die in friedlicher Eintracht mit Israel lebt, ist eine ethnische Gruppe, die für ihre Gastfreundschaft und den warmen Empfang von Besuchern bekannt ist. Die faszinierende Geschichte dieser Gruppe, ihre einzigartige Religion, ihre alten Traditionen und ihre wunderbaren gastfreundschaftlichen Gebräuche erwecken natürliche Neugier und den Wunsch, mehr zu lernen und drusische Dörfer zu besuchen, um sich ihren besonderen Lebensstil und ihre Gebräuche etwas näher anzusehen.

Die Drusen leben in wenigen Dörfern in Israel, die meisten von ihnen in den Golanhöhen (Majdal Shams, Buq'ata und En Qinya, unter anderem) und in der Karmelregion (Isfiya und Dalijat al Karmil).

Die Drusen sind dank ihres herzlichen Empfangs für Gäste, die die Dörfer besuchen, weit und breit bekannt geworden. Der Grund für diese Gastfreundschaft ist eine Tradition von großem Respekt gegenüber Gästen und der Wunsch, zu geben. Die Türen der drusischen Häuser stehen ständig für Sie offen, und falls Sie freundlich fragen, ob Sie sich eines der Häuser von Innen ansehen dürfen, werden Sie nicht zurückgewiesen. Im Gegenteil, Sie werden herzlich willkommen geheißen. Mitglieder der großen Familie erscheinen aus allen Räumen und nehmen an dem Vergnügen teil, bieten Kaffee, Getränke und Früchte aus ihrem eigenen Obstgarten an, und der Tisch bricht ob der Leckerbissen bald zusammen.

Nur drusische Priester kennen alle Einzelheiten ihrer Religion, aber alle Drusen sind mit ihrer Kultur, einschließlich ihrer Handwerkskunst und der volkstümlichen Nahrungsmittel, vertraut, die ein Grund für ihren Stolz sind. Ihre Offenheit gegenüber Touristen hat sich in den letzten Jahren entwickelt, und viele Dörfer haben besondere Zelte der Gastfreundschaft, wo Besucher ihre Traditionen ausprobieren und einen Einblick in den echten, drusischen Lebensstil erhalten können. Einige der Dörfer, wie Isfija und Dalijat al-Karmil, haben einen örtlichen, ethnischen Tourismus entwickelt, der ein drusisches Speiseerlebnis mit Übernachtungen in Gästehäusern und einem Besuch der farbenprächtigen, offenen Märkte kombiniert, die so charakteristisch für diese Bevölkerungsgruppe sind und einen weiteren, besonderen Aspekt der drusischen Gastfreundschaft darstellen.

Die drusischen Dörfer bieten den Besuchern nun eine Menge an Aktivitäten: Vorträge über die drusische Religion und ihre Propheten, Bräuche und Anschauungen und die Seelenwanderung, sowie Diskussionen über den Status der drusischen Frauen und Bildung zum Zwecke der Gleichberechtigung zwischen den Geschlechtern und ihren Rollen.

Es gibt auch Kurse, in denen farbenprächtiges Sticken und Kunsthandwerk gelehrt wird, in denen die Frauen so geschickt sind, und Kochkurse, die einen Geschmack echten, drusischen Essens vermitteln, sowie die Gelegenheit, sich darin zu versuchen, papierdünnes, drusisches Brot herzustellen, das perfekte Beiwerk zu Olivenöl, Labane und erdigem Ysop. Dies ist ein Erlebnis, das Sie niemals vergessen werden .(aus: www.goisrael.de)

Neben den eben beschriebenen Drusen und den Haupt-Gruppen Juden und Arabern, gibt es weitere kleine ethnische Gruppen: Die **Tscherkessen** und die **Armenier:**

Rund 3.000 Tscherkessen leben verteilt auf zwei Dörfer im Norden Israels. Die Tscherkessen gehören zwar von ihrer Religion her zu den Muslimen, sind ethnisch aber keine Araber. Ihre Wurzeln liegen im nördlichen Kaukasus, von wo sie in der zweiten Hälfte des 19. Jahrhunderts vor den Truppen des zaristischen Russlands fliehen mussten und anschließend Zuflucht im Osmanischen Reich fanden. Als verschwindend kleine Minorität haben es die Tscherkessen verstanden, ihre kulturelle Identität erfolgreich zu wahren und trotzdem am wirtschaftlichen und politischen Leben in Israel zu partizipieren. Wie die Drusen unterliegen sie der allgemeinen Wehrpflicht und dienen in der israelischen Armee.

Armenier leben seit über zwei Jahrtausenden in der Region. Doch ist ihre Gemeinschaft in den letzten Jahrzehnten von ca. 15.000 auf weniger als 4.000 geschrumpft. Die meisten von ihnen leben in Jerusalem. Ein Teil ist im Besitz der israelischen Staatsbürgerschaft. Die Armenier sind Christen und gehören entweder der Armenisch-Orthodoxen (ca. 3.000) oder der Armenisch-Katholischen Kirche (ca. 900) an.

Neben den ***Ethnien*** interessieren vielleicht auch die vielen Religionen in Israel.

Religionen in Israel

Im „**ISRAELMAGAZIN**" lesen wir zu Religionen: (Wörtliches Zitat:

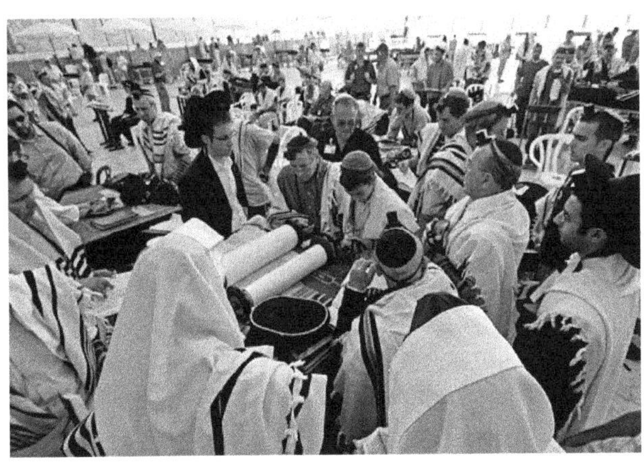

Jüdische Gläubige versammeln sich zur Bar Mitzwa-Feier an der Westmauer. (mathin)

Religionen allgemein

Die Unabhängigkeitserklärung des Staates Israel garantiert religiöse Freiheit und macht Religionsausübung und Glaubenszugehörigkeit zur Sache der persönlichen Entscheidung. Die Religionsgemeinschaften verwalten ihre eigenen heiligen Stätten selbst. Gesetzliche Regelungen garantieren den freien Zugang und schützen vor Entweihungen.

Jüdische Bevölkerung: 76,7 Prozent

76,7 Prozent der Bevölkerung Israels gehören der jüdischen Religion an. Damit ist Israel der einzige Staat der Welt, in dem Juden die Mehrheit der Einwohner darstellen. Die 5,4 Millionen Juden lassen sich in fünf Gruppen einteilen:

- 6 Prozent bezeichnen sich als Ultraorthodoxe Juden, davon u.a die Charedim, die Litauer und die Orientalen,
- 9 bis 10 Prozent als orthodox,
- 13 Prozent als traditionell-religiös,
- 28 Prozent bezeichnen sich selbst als Traditionalisten (die sich nicht strikt an das jüdische religiöse Gesetz, die Halacha halten),
- 43 Prozent als säkular.

Die Säkularen erfüllen wenige oder keine religiösen Gesetze, die Ultra-Orthodoxen so viele wie möglich.

Araber: 18 Prozent

Israelische Araber stellen etwa 18 Prozent der israelischen Bevölkerung. Innerhalb dieser Gruppe befindet sich die Minderheit von 10 Prozent arabischer Christen (siehe nächster Absatz). Die Mehrheit israelischer Araber sind sunnitische Muslime (etwa 14,6 Prozent der Gesamtbevölkerung des Staates Israel).

Christen: 2,1 Prozent

Etwa 2,1 Prozent der Bevölkerung sind Christen. Die Zahl der nicht-arabischen Christen beträgt 25.400 und die der arabischen Christen 113.100. Von den zusammen 138.500 Christen sind circa 75.000 Katholiken.

Karäer und Samaritaner: < 1 Prozent

In Israel leben auch etwa 25.000 Karäer (2002); dort werden sie als nichtreligiöse Juden eingestuft. Außerhalb Israels wird die Zahl der Karäer auf 20.000 geschätzt. Die weltweit einzige Gemeinde von **Samaritanern** ist aufgeteilt zwischen Israel und den palästinensischen Gebieten (ca. 800).

Messianische Juden: < 1 Prozent

Schätzungsweise 6000 bis 15.000 Menschen sind sogenannte messianische Juden, welche gewisse jüdisch-religiöse Elemente übernommen haben, jedoch Jesus von Nazaret als Messias ansehen und daher dem Christentum, und nicht dem Judentum, zugerechnet werden.

Bahai: < 1 Prozent

Schließlich leben die einigen hundert Bahai in Haifa und Umgebung, wo sich einige ihrer zentralen Heiligtümer befinden, die das Bahai-Weltzentrum bilden, welches 2008 von der UNESCO zum Weltkulturerbe ernannt wurde. *(Quelle: Wikipedia)*

Ende ZITAT aus „Israelmagazin".

Israel – dieses (nicht nur ethnisch und religiös) so vielfältige, vielseitige Land,- hat eine **dreifache grundlegende Wandlung** innerhalb der letzten 20 Jahre vollzogen (wirtschaftlich – volkswirtschaftspolitisch - soziologisch)

1. ***Von landwirtschaftlich geprägt (Jaffa!) zu High Tech Land***

2. ***Sozialismus -> Kapitalismus („Gini-Koeffizient" ist recht hoch in Israel)***

3. ***„Israeli" (new Jew) zu „Multikulti"***

„Old Jew" – > „New Jew"(=Standard-„Israeli" bei Staatsgründung) –>„Multikulti".

Zum (nicht nur wirtschaftlichen) WANDEL Israels zu einer hoch modernen Volkswirtschaft hier noch ein paar Worte von mir:

„ Alles hat seine Zeit…“, (Prediger, 3)

Viel praktische Lebensweisheit steckt in den Stationen, die der Prediger Salomo uns vor Augen stellt! Und wenn alles wirklich seine Zeit hat, dann kann und darf sich alles auch ändern. In der Veränderung liegt die Kontinuität. Alles fließt, meinte schon der griechische Philosoph Heraklit.

Und auch Israel ändert sich. Wenn man - wie ich– Israel seit gut 30 Jahren kennt, dann merkt und spürt und sieht man Änderungen, gewaltige Veränderungen. Mir sind **drei solcher Wandlungen** klar vor Augen: In der Wirtschaft, in der Politik und in der Gesellschaft.

Zuerst zur Wirtschaft. Vor 30 Jahren – damals war ich als Student das erste Mal im Heiligen Land – war Israel Agrarland, Exporteur von Früchten und Obst, jeder kennt noch die berühmten und wohl schmeckenden Jaffa-Orangen. Heute ist Israel ein High- Tech Land, sein Schwerpunkt liegt in Innovationen im Bereich Software, Hardware, Pharmazie u.a., Israel gehört zu den höchst entwickelten Ländern der Welt.

Der erste Wandel war also der von einer Agrarwirtschaft, einem Schwellenland, zu einem Hochtechnologie-Land.

Eng damit zusammenhängend der ***politische Wandel von einem kollektiven Land (mit Kibbuz-System) und einer gewissen Art von „Sozialismus zu einer neoliberalen Politik*** in der Art Deutschlands und der USA. Vorteil davon ist, dass Inflation und Wirtschaftsschwäche dadurch überwunden wurden. Nachteil ist, dass die Einkommens-Schere sich immer weiter öffnet und das sprichwörtliche israelische Sozialsystem immer mehr schwindet. Die weltweite Konkurrenz und das feindliche Umfeld zwingen Israel aber immer mehr dazu, ein wirtschaftlich starkes Land mit stabilem und wachsenden Export zu werden.

Der dritte Wandel ist innerhalb der Gesellschaft, vom kollektiven „Israeli" zum multikulturellen Individuum:

Anfangs - nach Staatsgründung – war die israelische Gesellschaft auf den Aufbau konzentriert und auf die Schaffung eines „New Jew".

Der „Old Jew“ in Europa war nachgiebig, leise, unterwürfig, wenig kämpferisch und assimiliert gewesen, und trotzdem wurden 6 Millionen ermordet. Man schloss daraus, dass der „ neue Jude“ ein stolzer, unbeugsamer, aktiver, kämpferischer, nicht assimilierter Pionier werden müsse und schuf *„den* Israeli“ als Stereotyp: Aschkenasisch, sozialistisch, auch kollektiv, ohne Fremdkultur-Einfluss, nur „israelische Kultur“

Diesen „Standard-Israeli“ gibt es heute nur noch in der Minderheit. Durch Einwanderungen – vor allem aus der ehemaligen Sowjetunion – und durch gesellschaftlichen Wandel entstanden viele individuelle Kulturen und Gruppierungen in Israel, die ziemlich unterschiedlich sind: Von den „ russischen Juden“ über die sfardischen Juden aus dem Orient, bis zu den äthiopischen Einwanderern, den „ Orthodoxen „ und „ Nationalreligiösen“, und hin zu israelischen Arabern (sowohl christlich als auch muslimisch). Ein buntes Gemisch, eine multikulturelle Vielfalt, eine breite und weite und offene Gesellschaft entstand. Mit vielen Gegensätzen (religiös – sekular, aschkenasisch-sfardisch, jüdisch-arabisch, reich-arm,...), aber auch großer gegenseitiger Bereicherung.

Israel steht vor vielen Aufgaben. Seine reiche und vielfältige Gesellschaft kann diese Aufgaben bewältigen. Gerade diese Vielfalt ist Gefahr – aber auch eine riesige Chance! ☺

Israels wirtschaftlicher Wandel-der GINI-Koeffizient

Zunächst – laut WIKIPEDIA – zum Gini-Koeffizienten:

Der "Gini-Koeffizient"

Der Gini-Koeffizient oder auch Gini-Index ist ein statistisches Maß, das vom italienischen Statistiker Corrado Gini zur Darstellung von Ungleichverteilungen entwickelt wurde. Er nimmt einen Wert von 0 bei Gleichverteilung und einen Wert von 1 bei maximaler Ungleichverteilung an. Ungleichverteilungskoeffizienten lassen sich für jegliche Verteilungen berechnen.

Anwendungen

Gini-Koeffizient der Einkommensverteilung nach dem CIA World Factbook mit den Daten von 2009 Ökonomie

Der Gini-Koeffizient wird besonders in der Wohlfahrtsökonomie verwendet, um beispielsweise das Maß der Gleichheit oder Ungleichheit der Verteilung von Vermögen oder Einkommen zu bestimmen.

(Quelle: Wikipedia)

ISRAEL hat einen Gini-Koeffizienten von 0,42, Deutschland von 0,27, die USA von über 0,60.

Insofern ist Israel inzwischen "kapitalistischer" als Deutschland !!!

Das hätte sich vor 20 Jahren niemand gedacht. Israel war ein sozialistisches Land - nicht wie DDR, eher wie Ungarn - mit sehr starker "Staatswirtschaft" und extrem starker Stellung der Gewerkschaft. Dann war die Wirtschaftskrise mit gigantischer Inflation und infolge der Entschluss, eine "neoliberale" Tour einzuschlagen. Netanjahu ist DER Vertreter eines neoliberalen Kurses.

Der Vorteil war ein gigantisches Wirtschaftswachstum und die Stellung Israels heute als eines der führenden High Tech Länder.

Der Nachteil war eben die sehr ungerechte Vermögens- Verteilung, die hohen Preise für Wohneigentum und Mieten, ein sehr differenziertes Einkommensgefälle und relativ große soziale Probleme und Kinderarmut.

Allerdings dank der sehr positiven demografischen Entwicklung Israels gibt es mit dem Sozialsystem dort keine Probleme und die Beiträge sind sehr niedrig und trotzdem sind die Sozialkassen gefüllt....

Alles hat eben zwei Gesichter.

„Dreifacher Wandel" in der arabischen Welt...

Hier geht es mehr um „Wandel der Ideologie", die den Staat prägt.

Nach dem 2. Weltkrieg (und der darauf folgenden Unabhängigkeit vieler arabischer Staaten) zog zuerst die „nationale Karte": Der PAN-ARABISCHE Nationalismus (alle Araber zusammen bilden ein Volk, einen Staat). Hauptvertreter dieser Ideologie war NASSER. Diese Ideologie scheiterte völlig, musste scheitern bei Ländern, die Stammesgesellschaften zusammen fassten (wie Libyen) oder die künstlich gebildet worden waren (und massive Gegensätze inhärent hatten, wie Syrien, Libanon, usw..).

Die darauf folgende Ideologie wurde der „Sozialismus", in eher revolutionär marxistisch nationaler Ausprägung: Eine Art National-Bolschewismus. Während dieser Phase (ca. 1965- 1992) spielte „Religion", der „Islam" keine Rolle. Kopftücher oder burka-ähnliche Gewänder gab es kaum. Welch ein Schock musste da der Zusammenbruch der Sowjetunion bedeutet haben! Ein ideologisches Loch tat sich auf, eine Lücke, eine Leere.

In diese „Leere" stieß nun der ISLAM. Seit Mitte der neunziger Jahre spielte somit der Islam eine immer größere Rolle. Auch in fundamentalistischer Form.

Diese Ideologie ist heute bestimmend in großen Teilen der arabischen Welt.

Begegnungen ....

Sehr viel zu „Begegnungen“ in ISRAEL, vor allem junger Leute, ist im Buch „Israel – Nah im Osten“ (von Itay Lotem und Judith Seitz, herausgegeben von „ConAct“) zu lesen. Sehr empfehlenswert!

Wissenswertes über Israel ist - kurz zusammengefasst – in „Israel kurzgefasst“ von Gisela Dachs zu finden.

Viele meiner persönlichen Erlebnisse in Israel gibt es hier in der Reihe „Ambassador of Good Will“.

Zum häufigen Stereotyp „Mauer! Besatzung! Siedlungspolitik!“ ist etwas im gleichnamigen Buch von mir zu lesen.

Egmond Prill schreibt dazu in seinem Buch „Pulverfass Nahost“ u.a. „.....baut Israel eine Mauer, muss es sich um ein Friedenshindernis handeln. Ich wage mit spitzer Feder zu behaupten: Setzt Israel Stachelbeersträucher entlang der grünen Linie, würde auch diese Aktion schon wegen der Stacheln am Strauch kritisiert werden.“

Ein paar Begegnungen/ Gespräche, die ich mit Arabern in Israel führte:

Ein israelischer Araber (also mit israelischer Staatsbürgerschaft) antwortete auf meine Frage, ob er lieber in einem möglichen „Palästinenser-Staat" in der Westbank anstatt in Israel leben wolle:
„Hier in Israel bin ich oft Bürger zweiter oder gar dritter Klasse. Dort drüben [er zeigt auf die Westbank] wäre ich Bürger siebenundzwanzigster Klasse!"

Und ein arabischer Busfahrer (der „Jerusalemer" war, also etwas weniger als ein israelischer Staatsbürger) lobt Israel über den grünen Klee: „Wie haben es die Juden hier so schön gemacht. Neue Gebäude, schöne Häuser. Die Wüste wird grüner. Und allein die wunderbaren Eukalyptusbäume. Vorher war Sumpf. Malaria. Jetzt ein so schönes Land. Irgendwie will ich schon, dass diese Zionisten hier bleiben."

Noch ein paar weitere deutsch-israelische Begegnungen (im internet gefunden):

Deutsch-Israelische Begegnungen

Ein deutsches Mädchen arbeitet als Freiwillige in Israel in einem Altenheim. Eine Holocaust-Überlebende ist traumatisiert und schreit nachts im Traum (in deutsch!) "sie kommen, sie kommen,...,

Hilfe!"

Das deutsche(!) Mädchen kommt und tröstet und fragt: "Ich bin doch auch Deutsche, vor mir hast du keine Scheu und keine Angst". Sie antwortet: "Nein, du bist anders. Du bist so gut!"

Ein israelisches Mädchen ist auf Jugendaustausch in Berlin. Junge Israelis lieben Berlin, sie sind fast süchtig. Deutschland wandelte sich binnen weniger Jahre vom "Buhmann", vom Fantasma des Bösen, zu einem sehr romantisierten Lieblingsland der Israelis.

Als eine "Demo gegen Rechts" angekündigt ist, läuft sie begeistert mit und schwenkt ganz engagiert ihre israelische Flagge - und wird von einigen Deutschen "mit Migrationshintergrund" wild und übel beschimpft. So rückt sich das Deutschlandbild wieder in das rechte Maß: Deutschland ist heute weder ein böses Fantasma noch ein romantisch verklärtes philosemitisches Land. Deutschland ist einfach irgendwo mitten drinnen angekommen.

In Israel selbst erlebt!

Gerne lasse ich euch immer wieder teilnehmen an meinen Erzählungen aus Israel, und alle Menschen, die Interesse und guten Willen zeigen. Denn Negaives, Falsches, Primitives, Verkürztes, Halbwahres, ... , wird ja leider so oft über Israel erzählt.

Anscheinend zählt es inzwischen "zum guten Ton", ein Antisemit zu sein, oder, politisch korrekter, ein "gemäßigter Israelkritiker"! Sehr schade.

Dem will ich etwas "gegensteuern" und ein paar wahre Geschichten - selbst erlebt(!) - erzählen und das Bild Israels wieder zurecht rücken, nachdem es von Antisemiten jeder Art und jeder couleur so oft besudelt wird.....

Während jene Antisemiten - äh, sorry, gemäßigte Israelkritiker - selbst oft noch nie (oder selten) in Israel waren, und vielleicht noch nie (oder selten) einen Juden persönlich kennen gelernt hatten (aber grundsätzlich alles besser wissen!) und manchmal anscheinend sich kaum mehr als zwei Meter von ihrem Stammtisch je entfernt haben, lebte ich einst 7 Monate lang in Jerusalem u n d nochmals einige Wochen, und bin insgesamt sicher weit über 25 mal dorthin für mindestens 2 Wochen verreist.

Insofern wirkt es absolut lächerlich, wenn Antisemiten besser Bescheid wissen wollen als ich ☺

Dieses Buch ist der fünfte Band einer geplanten Reihe, in welcher der Autor Roland Hornung (aber auch Freunde und Bekannte) weitere neue Erlebnisse aus Israel schildern mögen.

ISBN 978-1-291-00900-2

www.ingramcontent.com/pod-product-compliance
Ingram Content Group UK Ltd.
Pitfield, Milton Keynes, MK11 3LW, UK
UKHW020227250726
13967UKWH00001B/241